Animales opuestos/Animal Opposites

Ruidosos y callados

Un libro de animales opuestos

Loud and Quiet

An Animal Opposites Book

por/by Lisa Bullard

Traducción/Translation: Dr. Martín Luis Guzmán Ferrer
Editor Consultor/Consulting Editor: Dra. Gail Saunders-Smith
Consultor en contenidos/Content Consultant: Zoological Society of San Diego

Capstone press

Mankato, Minnesota

Some animals make sounds as loud
as thunder. Others are so quiet
they hardly make any noise at all.
Let's learn about loud and quiet by
looking at animals around the world.

Algunos animales hacen sonidos tan fuertes como un trueno. Otros son tan callados que casi no hacen ningún ruido. Vamos a aprender acerca de lo ruidoso y lo callado observando a los animales del mundo.

Loud/Ruidosos

Whales sing loudly as they swim in the ocean. Their whistles and cries can be heard hundreds of miles away.

Las ballenas cantan muy fuerte mientras nadan en el mar. Sus silbidos y chillidos pueden oírse a muchas millas de distancia.

Quiet/Callados

Bats seem to fly quietly
through the night.
But they make noises
that people can't hear.

Los murciélagos vuelan muy
callados por la noche. Hacen
sonidos pero las personas no
pueden oírlos.

Many whales and bats use
sounds to find food. They listen
for sounds to echo off the fish
or bugs they eat.

Muchas ballenas y murciélagos
hacen sonidos para encontrar
comida. Escuchan cómo los sonidos
hacen eco en los peces o
insectos que comen.

Loud/Ruidosos

Howler monkeys swing
through rain forest trees.
They howl loudly to
tell other monkeys,
"Stay away from me!"

Los monos aulladores
saltan por los árboles
del bosque tropical.
Aúllan muy fuerte
para decirles a
otros monos: "¡No
se me acerquen!"

6

Quiet/Callados

Knifefish swim quietly through rain forest rivers.

El pez cuchillo nada callado por los ríos del bosque tropical.

Loud/Ruidosos

Spring peepers sing to each other. Their loud peeps are a sign that spring has begun.

Las chilladoras ranas de primavera se cantan unas a otras. Sus fuertes chillidos son señal de que la primavera ha empezado.

Quiet fireflies are also called lightning bugs. But don't expect them to make any thunder.

Las calladas luciérnagas también se conocen como cocuyos. Pero no esperes que vayan a hacer ruido.

Fireflies blink on and off to send messages to other fireflies.

Las luciérnagas parpadean una y otra vez para mandarles mensajes a otras luciérnagas.

Loud/Ruidosos

Sea lions crawl up on shore
to lie in the sun. They bark
loudly to claim their spot
on the beach.

Los leones marinos se arrastran
hasta la costa para tenderse
al sol. Ladran muy fuerte
para decir que ese lugar
de la playa es suyo.

Squids swim quietly through dark ocean waters.

Los calamares nadan callados por las aguas oscuras del mar.

When some squids are angry or afraid, they change colors.

Algunos calamares cambian de color cuando se enojan o se asustan.

Loud/Ruidosos

Gray wolves howl loudly to call out to members of their pack.

Los lobos grises aúllan muy fuerte para llamar a sus compañeros de la manada.

Quiet/Callados

Caribou roam across the plains.
They stay quiet, so hungry wolves
won't hear them.

El caribú recorre las planicies.
Pero está callado para que
los lobos hambrientos no lo oigan.

13

Loud/Ruidosos

Male cicadas are the world's loudest insects. Some cicadas are as loud as lawn mowers.

Las cigarras son unos de los insectos más chillones del mundo. Algunas cigarras son tan ruidosas como una podadora de césped.

Quiet/Callados

Butterflies are quiet.
They flash bright colors
as they fly across the sky.

Las mariposas son muy
calladas. Muestran sus
brillantes colores mientras
vuelan por el cielo.

Loud/Ruidosos

Most owls hunt at night and sleep during the day. But barred owls hoot loudly both night and day.

La mayoría de los búhos cazan por la noche y duermen durante el día. Pero los búhos listados ululan día y noche.

Quiet/Callados

Being quiet as a mouse isn't always quiet enough. This mouse might become an owl snack.

Estar tan calladito como un ratón no siempre es suficiente. Este ratón bien puede convertirse en la merienda de un búho.

17

Loud/Ruidosos

Rattlesnakes loudly shake their tails to warn other animals to stay away.

Las serpientes de cascabel sacuden muy fuerte sus colas para advertirles a otros animales que no se acerquen.

Each time a rattlesnake sheds its skin, a new section of rattle appears.

Cada vez que una serpiente de cascabel cambia de piel, aparece una sección nueva de cascabeles.

Quiet/Callados

Most other snakes quietly slither away from danger.

La mayoría de las otras serpientes se deslizan calladamente alejándose del peligro.

Loud/Ruidosos

Woodpeckers hammer loudly on trees with their beaks.

Los pájaros carpinteros martillan muy fuerte con sus picos en los árboles.

Woodpeckers peck at trees to find food. They're looking for ants and other bugs.

Los pájaros carpinteros pican en los árboles para encontrar comida. Buscan hormigas y otros insectos.

Quiet/Callados

Ants are quiet insects
that crawl everywhere.

Las hormigas son insectos
callados que caminan por
todas partes.

Loud/Ruidosos

Parrots squawk loudly
to say hello to each other.

Los loros chillan muy fuerte
para saludarse entre sí.

Quiet/Callados

Wood storks quietly wade in water. They can't sing or squawk like other birds.

Las cigüeñas de cabeza pelada caminan calladamente por el agua. No pueden cantar o chillar como otros pájaros.

Loud/Ruidosos

When the king of beasts talks, everybody listens. A lion's loud roar can be heard for miles around.

Cuando el rey de las bestias habla, todo el mundo lo escucha. El rugido del león puede oírse a millas a la redonda.

Quiet/Callados

Chameleons quietly creep through trees. They sneak up on the bugs they eat.

Los camaleones se arrastran calladamente por los árboles. Así sorprenden a los insectos que se comen.

Some animals squawk loudly to say hello. Others howl and roar. Some animals stay safe by keeping quiet. Others sneak through forests as they hunt for food. What kinds of loud and quiet animals live near you?

Algunos animales chillan fuerte para decir hola.
Otros aúllan y rugen. Algunos animales están
fuera de peligro cuando permanecen callados.
Otros se esconden calladamente por los bosques
para cazar su comida. ¿Qué clase de animales
callados o ruidosos viven cerca de ti?

Did You Know?

Many animals use sounds to communicate. But animals have other ways to send messages, such as body movements and color changes. Dogs wag their tails to show they're excited. Chameleons tell other animals they're angry by changing color.

Muchos animales usan sonidos para comunicarse. Pero los animales también tienen otras formas de mandar mensajes, como los movimientos del cuerpo o los cambios en su color. Los perros mueven la cola cuando están emocionados. Los camaleones les dicen a otros animales que están enojados cambiando de color.

Some animals make sounds that are too low for people to hear. These animals include elephants, giraffes, hippos, whales, tigers, and chameleons.

Algunos animales hacen sonidos tan bajitos que las personas no pueden oírlos. Entre estos animales están los elefantes, las jirafas, los hipopótamos, las ballenas, los tigres y los camaleones.

¿Sabías que?

Scientists compare the loudness of different sounds using measurements called decibels. People talk at 60 to 70 decibels. Jet engines can be as loud as 140 decibels. The loudest animals, blue whales, have made sounds that measured 188 decibels.

Los científicos comparan el volumen de los diferentes sonidos con una medida que se llama decibeles. Las personas hablan a 60 o 70 decibeles. Los motores a reacción pueden hacer tanto ruido que alcanzan 140 decibeles. Los animales más ruidosos, las ballenas azules, hacen sonidos que miden 188 decibeles.

Monarch butterflies don't make sounds to communicate. But their orange-and-black markings send a message. The colors tell other animals that monarch butterflies taste bad.

Las mariposas monarca no hacen sonidos para comunicarse. Pero sus marcas de color anaranjado y negro envían mensajes. El color les dice a otros animales que las mariposas monarca tienen mal sabor.

People who are deaf use a form of communication called sign language. Sign language is a way of talking with hand signals. Scientists are now studying gorillas and chimpanzees to learn whether some animals can communicate by using sign language.

Las personas sordas usan una forma de comunicación llamada lenguaje de signos. El lenguaje de signos es una forma de hablar haciendo signos con las manos. Los científicos estudian a los gorilas y los chimpancés para saber si algunos animales se comunican con un lenguaje de signos.

Glossary

communicate — to share facts, ideas, or feelings

decibel — a unit for measuring how loud or quiet sounds are

echo — sound waves that bounce off objects and return to the listener

insect — a small animal with a hard outer shell, six legs, three body sections, and two antennas; most insects have wings.

message — facts, ideas, or feelings sent to someone or something

rattle — the end part of a rattlesnake's tail that produces a rattling sound

Internet Sites

FactHound offers a safe, fun way to find Internet sites related to this book. All of the sites on FactHound have been researched by our staff.

Here's how:

1. Visit *www.facthound.com*
2. Choose your grade level.
3. Type in this book ID **1429623918** for age-appropriate sites. You may also browse subjects by clicking on letters, or by clicking on pictures and words.
4. Click on the **Fetch It** button.

FactHound will fetch the best sites for you!

Glosario

el cascabel — la última parte de la cola de la serpiente de cascabel que produce un sonido parecido al de una sonaja

comunicarse — compartir datos, ideas o sentimientos

el decibel — unidad para medir qué tan altos o tan bajos son los sonidos

el eco — ondas de sonido que rebotan en objetos y regresan a quien las escucha

el insecto — animal pequeño de caparazón exterior duro, seis patas, cuerpo dividido en tres secciones y dos antenas; la mayoría de los insectos tiene alas.

los mensajes — datos, ideas o sentimientos enviados a alguien o a algo

Sitios de Internet

FactHound te brinda una manera divertida y segura de encontrar sitios de Internet relacionados con este libro. Hemos investigado todos los sitios de FactHound. Es posible que algunos sitios no estén en español.

Se hace así:

1. Visita *www.facthound.com*

2. Elige tu grado escolar.

3. Introduce este código especial **1429623918** para ver sitios apropiados a tu edad, o usa una palabra relacionada con este libro para hacer una búsqueda general.

4. Haz un clic en el botón **Fetch It**.

¡FactHound buscará los mejores sitios para ti!

Index

Índice

A+ Books are published by Capstone Press,
151 Good Counsel Drive, P.O. Box 669, Mankato, Minnesota 56002.
www.capstonepress.com

1 2 3 4 5 6 13 12 11 10 09 08

Library of Congress Cataloging-in-Publication Data
Bullard, Lisa.
  [Loud and quiet. Spanish & English]
  Ruidosos y callados : un libro de animales opuestos = Loud and quiet : an animal opposites book /por/by Lisa Bullard.
  p. cm. — (Animales opuestos = Animal opposites)
  Added t.p. title: Loud and quiet
  Includes index.
  ISBN-13: 978-1-4296-2391-9 (hardcover)
  ISBN-10: 1-4296-2391-8 (hardcover)
  1. Animal sounds — Juvenile literature. I. Title. !I. Title: Loud and quiet. III. Series.
QL765.B8318 2009
591.59'4 — dc22   2008003470

Summary: Brief text introduces the concepts of loud and quiet, comparing some of the world's loudest animals with animals that are quiet — in both English and Spanish.

Credits
Blake A. Hoena, editor; Eida del Risco, Spanish copy editor; Biner Design, designer; Kia Adams, set designer; Kelly Garvin, photo researcher; Scott Thoms, photo editor

Photo Credits
Bruce Coleman Inc./Dale R. Thompson, 21; Bruce Coleman Inc./Don Mammoser, 17; Bruce Coleman Inc./Gail M. Shumway, 16; Bruce Coleman Inc./Hans Reinhard, 7; Bruce Coleman Inc./Joe McDonald, 20; Bruce Coleman Inc./John Shaw, 13; Bruce Coleman Inc./S. C. Bisserot, 5; Corbis/Aron Frankental/Gallo Images, 14; Corel, 1 (frog), 3 (frog), 26 (cicada), 27 (rattlesnake), 27 (squid); Creatas, 2 (caribou); Digital Vision Ltd./Gerry Ellis, 2 (wolf); Digital Vision Ltd./Gerry Ellis & Michael Durham, 1 (chameleon), 26 (chameleon); Dwight Kuhn, 8, 9; Getty Images Inc./Joseph Van Os, 24; Image Ideas, 1 (lion), 3 (lion); J.H. Pete Carmichael, 25; Minden Pictures/Claus Meyer, 22; Minden Pictures/Jim Brandenburg, 15; Peter Arnold/Martin Harvey, cover (lion); Photodisc, 3 (butterfly), 29; Photodisc/G.K. & Vikki Hart, 26 (parrot); Root Resources/Mary Root, cover (malachite); Seapics.com/James D. Watt, 4; Seapics.com/Jeff Jaskolski, 11; Tom & Pat Leeson, 6; Tom Stack & Associates, Inc./Barbara Gerlach, 10 ; Tom Stack & Associates, Inc./Joe McDonald, 18; Tom Stack & Associates, Inc./Tom & Therisa Stack, 23; Visuals Unlimited/David Campbell, 19; Visuals Unlimited/Tom Walker, 12

Note to Parents, Teachers, and Librarians
This Animales opuestos/Animal Opposites book uses full-color photographs and a nonfiction format to introduce children to the concepts of loud and quiet in both English and Spanish. Ruidosos y callados/Loud and Quiet is designed to be read aloud to a pre-reader or to be read independently by an early reader. Photographs help listeners and early readers understand the text and concepts discussed. The book encourages further learning by including the following sections: Did You Know?, Glossary, Internet Sites, and Index. Early readers may need assistance using these features.